BEI GRIN MACHT SICH IHR WISSEN BEZAHLT

Mona Marwan

Das Konzept der Liebe in Lessings Drama „Emilia Galotti"

GRIN Verlag

Bibliografische Information der Deutschen Nationalbibliothek:

Die Deutsche Bibliothek verzeichnet diese Publikation in der Deutschen National-
bibliografie; detaillierte bibliografische Daten sind im Internet über http://dnb.d-
nb.de/ abrufbar.

Impressum:

Copyright © 2009 GRIN Verlag, Open Publishing GmbH
Druck und Bindung: Books on Demand GmbH, Norderstedt Germany
ISBN: 978-3-640-69678-9

Dieses Buch bei GRIN:

http://www.grin.com/de/e-book/157251/das-konzept-der-liebe-in-lessings-drama-
emilia-galotti

GRIN - Your knowledge has value

Der GRIN Verlag publiziert seit 1998 wissenschaftliche Arbeiten von Studenten, Hochschullehrern und anderen Akademikern als eBook und gedrucktes Buch. Die Verlagswebsite www.grin.com ist die ideale Plattform zur Veröffentlichung von Hausarbeiten, Abschlussarbeiten, wissenschaftlichen Aufsätzen, Dissertationen und Fachbüchern.

Besuchen Sie uns im Internet:

http://www.grin.com/

http://www.facebook.com/grincom

http://www.twitter.com/grin_com

Inhaltsverzeichnis

1. Einleitung 2

2. Wichtige Basisinformationen zum Werk 2

    2.1 Die Entstehung des Werks 2

    2.2 Inhaltsangabe 3

3. Analyse der Liebeskonstellationen unter Einbezug der (Liebes-) Konzeptionen 4

    3.1 Liebeskonstellation und (Liebes-)Konzeption von Prinz von Guastalla und Emilia Galotti 4

    3.2 Liebeskonstellation und (Liebes-)Konzeption von Graf Appiani und Emilia Galotti 10

    3.3 Liebeskonstellation und (Liebes-)Konzeption von Prinz von Guastalla und Gräfin Orsina 12

    3.4 Liebeskonstellation und (Liebes-)Konzeption von Prinz von Guastalla und Prinzessin von Massa 14

    3.5 Liebeskonstellation und (Liebes-)Konzeption von Odoardo und Claudia Galotti 15

4. Fazit 16

5. Literaturverzeichnis 19

1. Einleitung

Der Schwerpunkt dieser Arbeit liegt auf der Thematik „Das Konzept der Liebe in Gotthold Ephraim Lessings Drama Emilia Galotti". Ich möchte explizit die Liebeskonstellationen im Werk (Handlungsebene) sowie die damit zusammenhängenden verschiedenen (Liebes-) Konzepte (Metaebene) auf der Grundlage folgender These analysieren: Innerhalb der jeweiligen gegensätzlichen Konzeption (Privates vs. Hof) sowie durch die wechselseitige Konfrontation der beiden Fronten kommt es zur Verhinderung oder zur Auflösung der Liebeskonstellationen. Abschließend werde ich in meinem Fazit anhand dieser zentralen These Folgendes aufzeigen: In Lessings Drama „Emilia Galotti" lassen sich unvereinbare Liebeskonzeptionen (Bürgertum vs. Adel) feststellen, die gegenseitig so aufeinander einwirken, dass am Ende beide Konzepte verlieren. Da sich meine Erarbeitungen stets auf das Werk „Emilia Galotti" (1772) von G.E. Lessing beziehen, werde ich im Text bezüglich der Zitate lediglich auf Akt und Szene verweisen. Die vollständige Angabe der von mir verwendeten Ausgabe kann man im Literaturverzeichnis unter „Primärliteratur" nachlesen.

2. Wichtige Basisinformationen zum Werk

2.1 Die Entstehung des Werks

Die Uraufführung von Lessings Drama „Emilia Galotti" fand am 13.3. 1772 im Hoftheater in Braunschweig statt. Für seine Tragödie verwendete Lessing als Vorlage den „Virginia-Stoff" (Livius' Geschichtswerk), wobei er die Geschichte der römischen Virginia von allem absonderte, was den Staat betrifft. Allein das Schicksal der römischen bürgerlichen Virginia, die von ihrem Vater getötet wird, weil ihre Tugend ihr mehr wert ist als ihr Leben, sollte tragisch genug sein. Dieses zentrale Motiv der Tugendhaftigkeit wurde demnach für Emilia ebenfalls maßgeblich, wobei ich dies im Zusammenhang mit der Liebe später näher erläutern werde. [1] Dieses Werk ist in die übergeordnete Gattung des „Klassischen Dramas" einzuordnen, da die von Aristoteles in seiner Schrift „Über die Dichtkunst" formulierte Einheit von Ort, Zeit und Handlung sowie die Einteilung in fünf Akte gegeben ist. Des Weiteren wird Mitleid und Furcht beim Zuschauer erzeugt, so dass eine Katharsis (Reinigung) bewerkstelligt wird. [2] Der Sachverhalt bezüglich der Frage, ob dieses Drama als

---

[1] Vgl. Hippe, Robert (1982): *Erläuterungen zu Lessings Emilia Galotti.* Königs Erläuterungen. Band 16. Hollfeld/Obfr.: Bange. S. 13/14.
[2] Vgl. Biermann, Heinrich & Bernd Schurf (1999): *Texte, Themen und Strukturen. Deutschbuch für die Oberstufe.* Berlin: Cornelsen. S. 164.

bürgerliches Trauerspiel gilt, ist uneinheitlich. [3] Da es in meiner Arbeit nicht darum geht, dieser Frage nachzugehen, möchte ich lediglich begründen, warum ich das Werk als bürgerliches Trauerspiel bezeichnen würde. Ein wichtiger Grund dafür besteht nach Peter Szondi darin, dass es im bürgerlichen Trauerspiel um den Gegensatz zwischen vom Bürgertum angestrebter Privatisierung des Lebens sowie der Bewahrung der Intimität der patriarchalen Kleinfamilie (Galottis) auf der einen Seite sowie höfischer frivoler Welt auf der anderen Seite geht. [4] Diese Konzeption (Bürgertum vs. Adel) bestimmt das Werk vorwiegend und wird von mir in Bezug auf Liebe noch genauer beleuchtet. Zudem wird Lessing als großer Repräsentant der Aufklärung postuliert, der dieses Werk selbst als „Trauerspiel" angekündigt hat. [5] Lessings Trauerspiel kann demzufolge durchaus in die Epoche der Aufklärung (ca. 1720-1800) eingeordnet werden. Das Drama nahm in der aufklärerischen Praxis eine herausragende Stellung ein. Demnach wurde dieser literarischen Gattung, stärker als der epischen und der lyrischen, eine erzieherische sowie gesellschaftsverändernde Funktion zugesprochen. Der Aufklärer Lessing bezeichnete sie als „Schule der moralischen Welt". Das Theater diente zur Erziehung und zur Bildung des Menschen. [6] „Mit einem Wort: Lessings „Emilia Galotti" ist das erste klassische (bürgerliche) Trauerspiel der deutschen Literatur." [7]

2.2 Inhaltsangabe

In Lessings Drama „Emilia Galotti" (1772) geht es darum, dass der Prinz von Guastalla mit allen Mitteln versucht, die bürgerliche Emilia Galotti für sich zu gewinnen. Durch die Konfrontation unterschiedlicher Interessen (Bürgertum vs. Adel) kommt es dazu, dass Emilia letztendlich von ihrem Vater getötet wird.
Zu Beginn wird deutlich, dass der Prinz von Guastalla sich in die bürgerliche Emilia Galotti verliebt hat und anstrebt, diese um jeden Preis zu erobern und für sich zu besitzen. Emilias Vermählung mit dem Grafen Appiani steht allerdings unmittelbar bevor. Um die Hochzeit zu verhindern, legitimiert der Prinz seinen Kammerherrn Marinelli, alles in die Wege leiten zu dürfen, was dazu nötig ist. Marinelli schmiedet zwei intrigante Pläne, um die Hochzeit zu verhindern. Während der erste Plan scheitert, erfüllt der zweite seinen Zweck: Graf Appiani

---

[3] Vgl. Göbel, Klaus (1988): *Gotthold Ephraim Lessing Emilia Galotti. Zur Didaktik des klassischen Dramas.* *Oldenbourg Interpretationen mit Unterrichtshilfen.* München: Oldenbourg. S. 78.
[4] Vgl. Siegle, Rainer (1981): *Stundenblätter „Emilia Galotti". 24 Seiten Beilage.* Stuttgart: Ernst Klett. S. 10/11.
[5] Vgl. Pelster, Theodor (2002): *Lektüreschlüssel für Schüler.* S. 7.
[6] Vgl. Beutin, Wolfgang et al. (2001): *Deutsche Literaturgeschichte.* 6. Auflage. Stuttgart, Weimar: Metzler. S. 159/160.
[7] Vgl. Hippe, Robert (1982): *Erläuterungen zu Lessings Emilia Galotti.* S. 14.

wird im Zuge eines von Marinelli geplanten, hinterhältigen Überfalls ermordet. Emilia und ihre Mutter Claudia Galotti werden daraufhin unter einem Vorwand ins Lustschloss, in dem sie in Sicherheit seien, gebracht. Dadurch erfolgt die Zusammenführung von Emilia und dem Prinzen auf dem Lustschloss. Trotz eines Gesprächs unter vier Augen misslingt es dem Prinzen, Emilia mit seinen Schmeicheleien für sich zu gewinnen. Claudia Galotti entlarvt die Intrigen Marinellis, sodass dieser Claudia nicht zu ihrer Tochter lässt. Die Gräfin Orsina, die ehemalige Geliebte des Prinzen, die zu Beginn der Handlung noch versucht hat, den Prinzen durch einen Brief, der von diesem absichtlich nie geöffnet wurde, Kontakt aufzunehmen, erscheint ebenfalls auf dem Lustschloss. Sie erkennt sofort die Zusammenhänge des Mord-Komplotts, als sie hört, dass Emilia momentan beim Prinzen sei. Daraufhin hat sie die Absicht, auf dem Markt zu verkünden, dass der Prinz ein Mörder sei. Bevor sie das Schloss verlässt, stößt sie auf den eingetroffenen Vater Emilias, Odoardo Galotti, mit dem sie sich verbündet. Im Zuge dessen übergibt sie Odoardo heimlich den von ihr ins Lustschloss eingeschleusten Dolch und verlässt mit Claudia das Lustschloss. Anschließend erklärt der Prinz Odoardo in einem Gespräch, dass Emilia bis zu dem Abschluss der Untersuchungen in eine besondere Verwahrung müsse. Odoardo ahnt die Gefahr, dass Emilia ohne seinen Schutz den Annäherungsversuchen des Prinzen hilflos ausgeliefert sein wird. Deshalb fordert er ein letztes Gespräch mit seiner Tochter unter vier Augen, bevor sie in die besagte Verwahrung kommt. Als Emilia in dieser Konversation erfährt, dass der Graf tot ist und sie allein auf dem Lustschloss bleiben muss, möchte sie sich aus Angst vor den Verführungskünsten des Prinzen und zur Bewahrung ihrer Unschuld und Tugendhaftigkeit mit dem Dolch erstechen. Daraufhin tötet Odoardo sie auf deren Verlangen. [8]

3. Analyse der Liebeskonstellationen unter Einbezug der (Liebes-) Konzeptionen

3.1 Liebeskonstellation und (Liebes-)Konzeption von Prinz von Guastalla und Emilia Galotti

Grundsätzlich stehen sich die zwei gegensätzlichen Konzepte Bürgertum vs. Adel gegenüber, die das gesamte Werk bestimmen. Emilia repräsentiert die Ideale des Bürgertums wie z.B. Moral, Vernunft, Religiosität, Keuschheit sowie Tugendhaftigkeit. Hinsichtlich der äußeren Umstände zeichnet sich das bürgerliche Leben durch folgende Attribute aus: Der Rückzug ins Private, die weltabgewandte Moralität (Abschottung), das Leben auf dem Land etc. Der Prinz

---

[8] Vgl. Fischer, Walter: *Gotthold Ephraim Lessing: Emilia Galotti. Grundlagen und Gedanken zum Verständnis des Dramas.* Frankfurt am Main: Diesterweg. S. 13-43.

steht im Gegensatz dazu nicht für Tugenden, sondern für Laster wie z.B. Amoralität, Intrigen, Frivolität und Wollust. Nicht das private Landleben wird vom Prinzen favorisiert, er lebt vielmehr in aller Öffentlichkeit auf dem Hof in seinem Lustschloss, wobei schon allein die Bezeichnung des Schlosses für ein Leben in Sünde und Amoralität spricht. [9]

Wenn man sich nun die beiden Personen genauer anschaut, so fällt auf, dass der Prinz von Guastalla sich Hals über Kopf in Emilia Galotti verliebt hat und dass er von seinen Gefühlen übermannt ist: „PRINZ. Nun ja, ich liebe sie; ich bete sie an." (EG I/6) Zudem hegt er ein erotisches bzw. sexuelles Interesse an ihr, er reduziert sie lediglich auf ihre körperliche Schönheit, auf ihre Reize, er ist regelrecht verzaubert und hypnotisiert von ihr. Als er von einem Bild Emilias, welches er besitzt, schwärmt, möchte er Emilia in der Realität ebenso besitzen: [10]

„PRINZ. Am liebsten kauft' ich dich, Zauberin, von dir selbst! – Dieses Auge voll Liebreiz und Bescheidenheit! Dieser Mund! Und wenn er sich zum Reden öffnet! Wenn er lächelt! Dieser Mund!" (EG I/5)

Diese Tatsache zeigt aufs Neue, welche Bedeutsamkeit schon allein das Gemälde für den Prinzen darstellt. Am liebsten würde er Emilia, ebenso wie er das Bild von ihr gekauft hat, auch sie selbst mit seinem Geld erkaufen, wenn dies möglich wäre. Außerdem schmiedet er bereits Pläne, wie er Emilia mit seinem Charme für sich gewinnen und anschließend verführen könnte: „DER PRINZ. – Doch heute, heut an ihrem Hochzeitstage, – heute werden ihr andere Dinge am Herzen liegen, als die Messe." (EG I/7) Überdies vernachlässigt der Souverän seine Pflichten als Fürst und unterschreibt leichtfertig ein Todesurteil, da er in seinem Eroberungsrausch kaum noch klar denken kann: [11] „DER PRINZ. Recht gern. – Nur her! geschwind." (EG I/8) An dieser Stelle ist Luhmanns Konzept der „amour passion" in Bezug auf den Prinzen erwähnenswert, denn die Aussagen des Prinzen zeigen, dass er maß- und kopflos bzw. exzessiv handelt, wenn es um seine Liebe zu Emilia geht:

„Die verschiedenen Paradoxien (erobernde Selbstunterwerfung, gewünschtes Leiden, sehende Blindheit, bevorzugte Krankheit, bevorzugtes Gefängnis, süßes Martyrium) münden in die Zentralthese des Code: die *Maßlosigkeit*, der *Exzeß*." [12]

Der Prinz verliert sich vollständig im Liebesrausch und würde alles tun, um Emilia zu erobern. Die Maßlosigkeit seines Handelns erkennt man daran, dass er dem Maler Conti jeden Preis für Emilias Bild zahlen würde, den dieser verlangt. Er geht leichtfertig mit seinen Finanzen um, nur um ein Bild von Emilia zu besitzen. Zudem überschreitet er hemmungslos

---

[9] Vgl. Pelster, Theodor (2002): *Lektüreschlüssel für Schüler.* S. 56-60.
[10] Vgl. Hempel, Brita (2006): *Sara, Emilia, Luise: drei tugendhafte Töchter. Das empfindsame Patriarchat im bürgerlichen Trauerspiel bei Lessing und Schiller.* Heidelberg: Winter. S. 68-71.
[11] Vgl. ebd. S. 68-71.
[12] Luhmann, Niklas (1982): *Liebe als Passion. Zur Codierung von Intimität.* Frankfurt am Main: Suhrkamp. S. 83.

jegliche Grenzen, wenn es um Emilia geht: Aus Zeitmangel sowie aus verträumter geistiger Abwesenheit unterschreibt er ein Todesurteil. Darüber hinaus verliert er die Kontrolle, als er Marinelli zu allem legitimiert, was zur Eroberung Emilias notwendig ist. Der Grund für diesen Exzess ist, dass der Prinz seinen Begierden und Leidenschaften bezüglich Emilia hilflos ausgeliefert ist. Es geht um das Ringen des Prinzen mit sich selbst sowie um das Erleiden dieses Zustands. Das bedeutet, Liebe wird vom Prinzen als passiver Seelenzustand erlitten: [13] „DER PRINZ (der sich voll Verzweiflung in einen Stuhl wirft). So bin ich verloren! – So will ich nicht leben!" (EG I/6) Demzufolge könnte man die Liebe des Prinzen zu Emilia im Sinne der „amour passion" nach Luhmann folgendermaßen umschreiben:

„So nennt man Liebe ein Gefängnis, aus dem man nicht entweichen möchte, oder auch eine Krankheit, die man der Gesundheit vorzieht, oder eine Verletzung, bei der der Verletzte die Buße zu zahlen hat." [14]

Bevor man sich nun Emilias Reaktion auf die Eroberungsversuche des Prinzen genauer anschaut, ist es sinnvoll, vorab auf Emilias bürgerliche Erziehung im Sinne der Tugendhaftigkeit, die sie insbesondere durch ihren patriarchalen Vater Odoardo verinnerlicht hat, einzugehen. Beide Elternteile, Claudia und Odoardo, streben eine „anständige Erziehung [...]" (EG II/4) ihrer Tochter an. Emilias Reaktion auf die Annäherungsversuche des Prinzen resultieren aus ihrer moralischen Erziehung.

Bei Odoardo ist dessen patriarchales Kontrollbedürfnis auffällig. Er hat stets Angst, wenn es um die Möglichkeit der Verführung seiner Tochter vor der Ehe geht und will sie davor schützen. Diese Tatsache wird in dem folgenden Dialog zwischen Claudia und Odoardo, in welchem er erfährt, dass Emilia lediglich allein in die Kirche gegangen ist, deutlich:

„ODOARDO. Ganz allein? CLAUDIA: „Die wenigen Schritte --. ODOARDO: „Einer ist genug zu einem Fehltritt! – ." (EG II/2)

Demzufolge vertritt er eine strikte Sexualmoral, die sich dadurch auszeichnet, dass er verhindern möchte, dass sich seine Tochter vor der Ehe Opfer einer Verführung wird. Für ihn gehört zu den grundlegenden Aufgaben der Eltern, ihre Tochter zu kontrollieren, damit sie nicht auf Heiratsschwindler hereinfällt und ihre Unschuld vor der Ehe verliert. Seine Frau Claudia betrachtet er als inkompetente Mutter, welche die Aufgabe der Kontrolle nur unzureichend ernst nimmt: „Claudia! Eitle, törichte Mutter" (EG II/4) Die Angst vor der Verführung seiner Tochter tarnt Odoardo so, als ob er nur das Beste für seine Tochter wolle. Dahinter steht allerdings sein eigener Egoismus: *Er* möchte nicht, dass seine Tochter solch einem Verführer wie dem Prinzen erliegt, *er* ist sensibel was das angeht, denn *er* wäre derjenige, der als patriarchales Familienüberhaupt, als Schutzgarant der Familie versagt:

[13] Vgl. Luhmann, Niklas (1982): *Liebe als Passion.* S. 71-74.
[14] Luhmann, Niklas (1982): *Liebe als Passion.* S. 79.

„[ODOARDO.] Ha! wenn ich mir einbilde – Das gerade wäre der Ort, wo *ich* [Hervorhebung von mir] am tödlichsten zu verwunden bin! – Ein Wollüstling, der bewundert, begehrt. [...]" (EG II/4) [15]

Wenn man sich nun das Verhältnis zwischen Emilia und dem Prinzen genauer anschaut, so erkennt man, dass die bürgerliche Emilia Galotti hinsichtlich der Avancen des Prinzen überfordert ist, da sie im Zuge ihrer bürgerlichen Erziehung nie gelernt hat, damit umzugehen. Zweimal wusste sie nicht angemessen auf die Annäherungsversuche des Prinzen zu reagieren. Das erste Mal ist Emilia dem Prinzen im Haus des Kanzlers Grimaldi begegnet. Es war die Sprache der Galanterie, mit der Emilia nicht vermochte umzugehen. Emilia fürchtet sich vor dem Haus der Grimaldi, dem „Haus der Freude": [16]

„EMILIA. Ich kenne das Haus der Grimaldi. Es ist das Haus der Freude. Eine Stunde da, unter den Augen meiner Mutter; – und es erhob sich so mancher Tumult in meiner Seele, den die strengsten Übungen der Religion kaum in Wochen besänftigen konnten! – Der Religion! Und welcher Religion?" (EG V/7)

Die Annäherungsversuche äußern sich explizit in der galanten Sprache des Prinzen. Das Konzept der Galanterie nach Luhmann gehört zu den allgemeingültigen Umgangsformen der gesellschaftlichen Interaktion in der Oberschicht. Die Werbung, die bei der Galanterie durchgeführt wird, ist unverbindlich und kann sich in täuschendem und verführendem Handeln äußern. [17] In diesen Aspekten der Galanterie gründet die Skepsis des Bürgertums dem Adel gegenüber, die in diesem Werk durch eine Aussage von Emilias Mutter Claudia angesprochen wird: „CLAUDIA. Der Prinz ist galant. Du bist die unbedeutende Sprache der Galanterie zu wenig gewohnt." (EG II/6) Das schmeichelnde Gerede der Galanterie wird demnach in der Oberschicht am Hof vom Prinzen angewendet, sie ist allerdings im Bürgertum verpönt und für Emilia ungewohnt. [18] Nachdem Emilia ihrer Mutter ganz aufgelöst von der zweiten Begegnung mit dem Prinzen in der Messe erzählt hat, wird erneut ihre Überforderung deutlich. Sie kann sich dem Prinzen nicht stellen und ihn ablehnen, sie entzieht sich der Situation: [19]

„CLAUDIA. Ich will hoffen, dass du deiner mächtig genug warest, ihm in Einem Blicke alle die Verachtung zu bezeigen, die er verdienet. EMILIA: „Das war ich nicht, meine Mutter! [...] Ich floh-." (EG II/6)

Des Weiteren ist in diesem Gespräch zwischen Emilia und Claudia (EG II/6) auffällig, dass Emilia eine rigorose Abwehrhaltung gegenüber dem Prinzen zeigt: Sie kneift die Augen zu und hält sich mit den Händen die Ohren zu. Sie möchte nichts sehen und nichts hören von

[15] Saße, Günter (1996): *Die Ordnung der Gefühle. Das Drama der Liebesheirat im 18. Jahrhundert.* Darmstadt: Wissenschaftliche Buchgesellschaft. S. 143.
[16] Vgl. Saße, Günter (1996): *Die Ordnung der Gefühle.* S. 142/144.
[17] Vgl. Luhmann, Niklas (1982): *Liebe als Passion.* S. 97/98.
[18] Vgl. Saße, Günter (1996): *Die Ordnung der Gefühle.* S. 143/144.
[19] Vgl. Saße, Günter (1996): *Die Ordnung der Gefühle.* S. 144/145.

möglicher Verführung und Sexualität: „Denn alles Außerfamiliäre wurde ihr als Laster präsentiert, das sie zu meiden habe. Und entsprechend verhält sie sich." [20]

Sie hat den Umgang mit dem Umwerben des Prinzen im Zuge ihres durch die Familie geschützten Lebens nie kennengelernt: „Art und Inhalt ihres Berichts werfen ein bezeichnendes Licht auf ihre durch keinerlei außerfamiliären Sozialbezüge geprägte Rollenidentität als Tochter." [21] Emilia wusste sich in beiden Situationen der Annäherung des Prinzen nicht zu helfen. Der Grund dafür ist, dass sie keinen inneren „Anwendungskatalog" hat, wie man sich in derartigen Situationen verhalten könnte: „Dieses ,Haus der Freude' [...] entzieht sich den von Emilia in ihrer familialen Sozialisation erworbenen Mustern der Erlebnisverarbeitung." [22] Des Weiteren ist bei Emilia Tugendbewusstsein gleichzeitig Sexualbewusstsein, d.h. Emilias Bewusstsein ist dadurch geprägt, dass sie tugendhaft ist. Daraus könnten sich zwei mögliche Folgen ergeben. Zum einen könnte man erschließen, dass sich Emilia darüber im Klaren ist, dass sie tugendhaft ist und deshalb keine sexuellen Empfindungen und Gedanken haben *darf*, aber diese trotzdem in sich spürt. Dafür würde Goethes Einschätzung sprechen, dass Emilia den Prinzen liebe, denn sonst hätte sie ihm eine Abfuhr erteilt. Ihr Tod würde dabei als Schutz vor der eigenen Sinnlichkeit resultieren. [23]

Auch folgendes Zitat aus dem Werk selbst weist darauf hin, dass Emilia auch sexuelle Bedürfnisse hat: „EMILIA. Ich habe Blut, mein Vater; so jugendliches, so warmes Blut, als eine. Auch meine Sinne, sind Sinne." (EG V/7) Zum anderen besteht nach Saße folgende Interpretationsmöglichkeit, der ich mich anschließe: Emilias Verwirrtheit bezüglich der Avancen des Prinzen besteht nicht darin, dass sie sich zu ihm hingezogen fühlt, sondern drückt vielmehr ihre Unfähigkeit damit umzugehen aus, da sie dies im Zuge ihrer familiären Sozialisation nie gelernt hat: „Als ,fromme' und ,gehorsame' Tochter hat sie nie die Fähigkeit erworben, mit außerfamiliären Erfahrungen umzugehen. [...] Lessings Drama vermittelt uns Emilias ,Verführbarkeit' nicht als unabgeleitetes Faktum ihrer Sexualität, sondern als Sozialisationsprodukt einer ängstlich ausgrenzenden Erziehung zur Tugend." [24] Denn das bedeutet: Emilia ist sich ihrer Tugendhaftigkeit bewusst, da sie dieses Ideal durch ihre bürgerliche Erziehung verinnerlicht hat. Aufgrund dessen ist es ihr nicht möglich, sexuelle Bedürfnisse oder Gedanken überhaupt zuzulassen. Für Saßes Argumentation spricht überdies, dass Emilia sich am Ende sogar erstechen will, um ihre Tugendhaftigkeit zu bewahren.

---

[20] Saße, Günter (1996): *Die Ordnung der Gefühle.* S. 145.
[21] Saße, Günter (1996): *Die Ordnung der Gefühle.* S. 144.
[22] Ebd. S. 144.
[23] Vgl. Saße, Günter (1996): *Die Ordnung der Gefühle.* S. 145; S. 152.
[24] Saße, Günter (1996): *Die Ordnung der Gefühle.* S. 145 ; S. 154.

Ein wesentlicher Punkt, der mir an dieser Stelle erwähnenswert erscheint, ist der von Marinelli eingefädelte Plan des Überfalls, bei dem Graf Appiani ermordet und Emilia aufs Lustschloss gebracht wurde. Emilia wurde durch den Überfall gewaltsam aus dem patriarchalen Schutz- und Aufsichtsraum ihrer Familie, die ihr bis dato stets Sicherheit garantierte, herausgerissen. Odoardo ist handlungsunfähig auf dem Lustschloss, als der Prinz Emilia bis zum Verhör in eine besondere Verwahrung bringen möchte. Hier am Hof – außerhalb der Familie – wird seine patriarchale Autorität untergraben und demzufolge ist Emilia der Welt der Sinnlichkeit und Verführung hilflos ausgeliefert.[25] Diese Gefahr der Verführung durch den Wegfall des Schutzgaranten Odoardo umschreibt Emilia folgendermaßen: „EMILIA. Verführung ist die wahre Gewalt." (EG V/7) Des Weiteren geht es Emilia um die Bewahrung ihrer Keuschheit zur zwanghaften Wiederherstellung der Familienehre. Dabei zählt für sie vor allem, dass Odoardo seine Ehre zum Schutz der Familie wiedergewinnt. Deshalb animiert Emilia ihren Vater auf eine provokante Weise, sie zu töten:

„EMILIA. Ehedem wohl gab es einen Vater, der seine Tochter von der Schande zu retten, ihr den ersten den besten Stahl in das Herz senkte – ihr zum Zweiten das Leben gab. Aber alle solche Taten sind von ehedem! Solcher Väter gibt es keinen mehr!" (EG V/7)

Ihre anerzogene Tugendhaftigkeit, die ihr Vater ihr permanent ins Gedächtnis rief, hat sie so stark verinnerlicht, dass ihr mittlerweile ihre Tugend mehr wert ist als ihr eigenes Leben: „ODOARDO. – Auch du hast nur Ein Leben zu verlieren. EMILIA. Und nur eine Unschuld." (EG V/7) Emilia setzt die vom Vater eingeprägte Tugendhaftigkeit in die Tat um und entscheidet sich für ihre Unschuld, für den Willen ihres Vaters und damit für den Tod: „EMILIA. Eine Rose gebrochen, ehe der Sturm sie entblättert." (EG V/7) Diese Tatsache fasst Saße sehr eindrucksvoll in einem einzigen Satz zusammen:

„Emilias geradezu emphatisches Bemühen, den Vater wieder in die von ihm preisgegebene Position des handlungsmächtigen Familienoberhaupts einzusetzen, verweist auf die Erschütterung ihrer töchterlichen Rollenidentität dadurch, daß sich ihr Vater als patriarchale Schutzmacht auflöst."[26]

Auswertung:

Durch die Konfrontation der gegensätzlichen Konzepte Bürgertum (Emilia) vs. Adel (Prinz) kommt es gar nicht erst dazu, dass sich Emilia und der Prinz zu einer Liebeskonstellation verbinden. Für Emilia ist das höfische Leben eine fremde Welt, deren Umgangsformen (z.B. galante Sprache) sie überhaupt nicht gewohnt ist und versteht. Hier wird also durch die unterschiedlichen Wertesysteme sowie Umgangsformen der zwei gegensätzlichen Fronten die Entstehung der Liebeskonstellation Prinz/Emilia nicht ermöglicht, sondern vielmehr zur ihrer Verhinderung beigetragen. Ein Grund dafür ist, dass das Bürgertum dafür sorgt, dass der

---

[25] Vgl. Saße, Günter (1996): *Die Ordnung der Gefühle*. S. 147-153.
[26] Saße, Günter (1996): *Die Ordnung der Gefühle*. S. 151/152.

Prinz und Emilia nie zusammenkommen. Insbesondere durch Emilias bürgerliche Erziehung sowie durch die ständigen Kontrollbesuche ihres patriarchalen Vaters Odoardo wird verhindert, dass Emilia den Verführungsversuchen des Prinzen erliegen könnte. Doch bei dem Überfall, der einen Übergriff seitens des Hofes auf die bürgerlichen Vertreter darstellte und der Emilia aus dem Schutzraum der bürgerlichen Familie gerissen hat, erscheint das bürgerliche Konzept zunächst überlistet. Denn der bürgerliche Odoardo ist im Lustschloss, dem Herrschaftsbereich des Prinzen, nicht mehr handlungsfähig. Er hat als Schutzgarant seiner Tochter versagt. Nun ist sie den Annäherungsversuchen des Prinzen, mit denen sie durch ihre familiäre Sozialisation nicht annähernd umzugehen weiß, schutzlos ausgeliefert. Allein Emilias Tod hat letztendlich dazu geführt, dass es niemals zu einer Verbindung oder einer sexuellen Beziehung zwischen dem Prinzen und Emilia kommen konnte. Dadurch hat Emilia ihre Unschuld bewahrt und Odoardos patriarchale Ehre wiederhergestellt. Die moralischen Wertemaßstäbe des bürgerlichen Konzepts haben am Schluss dazu geführt, dass die Liebeskonstellation Emilia/Prinz nie existieren wird.

3.2 Liebeskonstellation und (Liebes-)Konzeption von Graf Appiani und Emilia Galotti

Anders als beim Prinzen und Emilia wird hier nicht das Konzept Bürgertum vs. Adel gegenübergestellt. Appiani gehört als wohlhabender Graf zwar dem Adel an, er vertritt und lebt allerdings bürgerliche Werte. Die kurz bevorstehende Vermählung der bürgerlichen Emilia mit dem adeligen Appiani ist dadurch gekennzeichnet, dass sie ständeübergreifend ist. Diese künftige Ehe lässt dich dem Konzept der vernünftigen Liebe zuordnen. An die Stelle der gesellschaftlichen Kriterien von Stand und Besitz treten moralische Kriterien wie Vernunft und Tugendhaftigkeit, wobei die Neigung aus der Tugendhaftigkeit des Partners erwächst. Man sucht sich somit einen Partner, der möglichst tugendhaft ist. Eben dies hat der adelige Appiani getan – er hat sich die bürgerlich-moralische Emilia, das Sinnbild, ja man könnte sogar sagen die Personifikation der Tugendhaftigkeit ausgesucht: [27]

„APPIANI. Ich werde eine fromme Frau an Ihnen haben; und die nicht stolz auf ihre Frömmigkeit ist."
(EG II/7)

Der Eheschließung scheint nichts im Weg zu stehen, da Appiani den Galottis, insbesondere dem Vater Odoardo, als erwünschter und willkommener Schwiegersohn gilt. Odoardo ist äußerst begeistert von ihm und lobt ihn regelrecht in den Himmel:

„ODOARDO. Kaum kann ich's erwarten, diesen würdigen jungen Mann meinen Sohn zu nennen. Alles entzückt mich an ihm. Und vor allem der Entschluss, in seinen väterlichen Tälern sich selbst zu leben." (EG II/4)

---

[27] Vgl. Saße, Günter (1996): *Die Ordnung der Gefühle.* S. 30-37.

Hinter Odoardos Enthusiasmus bezüglich Appiani steht allerdings überwiegend Odoardos eigener Egoismus. Er sieht in Appiani den idealen Schwiegersohn, da er in ihm all das realisieren kann, was er sich immer gewünscht hat, z.b. begrüßt er Appianis Wunsch aufs Land zu ziehen immens, da der Schutz Emilias vor außerfamiliären Gefahren, die das Stadtleben mit sich bringt, auf dem Land gewährleistet ist. Dies würde auch keinerlei Umstellungen für Emilia bedeuten, da bei ihr kein Widerspruch zwischen Familienliebe und Geschlechterliebe besteht. Emilias Liebe als Tochter zum Vater (Familienliebe) kann sich einwandfrei in ihrer Liebe als Frau zu ihrem Mann Appiani (Geschlechterliebe) fortsetzen. Sie braucht ihre familiäre Rollenidentität der tugendhaften Tochter nicht zu verändern, sondern muss diese als vernünftige Ehefrau lediglich fortführen, da Appiani schließlich das Abbild ihres Vaters darstellt. [28]

Emilia fügt sich ihrer familiären Rollenidentität, die aus der patriarchalen Erziehung ihres Vaters resultiert. Trotzdem fällt auf, dass Emilia an ihrem eigenen Hochzeitstage traurig und bedrückt ist. Sie hat dreimal von dem Schmuck, den sie vom Grafen geschenkt bekommen hat, geträumt und als sie ihn trug, verwandelte sich jeder Stein des Schmucks in Perlen: „EMILIA. Perlen aber, meine Mutter, Perlen bedeuten Tränen." (EG II/7) Des Weiteren sind die Liebesbekundungen zwischen Emilia und Appiani sehr sparsam. Auch bei Appiani herrscht eine melancholische Stimmung am Hochzeitstage:

„APPIANI. Ah, meine Mutter, und Sie können das von Ihrem Sohne argwohnen? – Aber es ist wahr; ich bin heut ungewöhnlich trübe und finster." (EG II/8)

Ganz anders verhält es sich mit Appianis Verhältnis zu Odoardo. Die beiden Männer umarmen sich sehr überschwänglich und kommen kaum voneinander los (so, wie es oft bei Liebespaaren der Fall ist). Appiani schwärmt in den höchsten Tönen von seinem Schwiegervater:

„APPIANI. Eben habe ich mich aus seinen Armen gerissen: - oder vielmehr er, sich aus meinen. – Welch ein Mann, meine Emilia, Ihr Vater! Das Muster aller männlichen Tugend! Zu was für Gesinnungen erhebt sich meine Seele in seiner Gegenwart!" (EG II/7)

Saße kommentiert die Aussage Appianis sehr passend:

„So wie der Vater in Appiani den idealen Schwiegersohn sieht, so dieser in Odoardo den idealen Schwiegervater, von dem er Emilia vorschwärmt, so als wolle er nicht sie, sondern ihn heiraten." [29]

---

[28] Vgl. Saße, Günter (1996): *Die Ordnung der Gefühle.*139-141.
[29] Saße, Günter (1996): *Die Ordnung der Gefühle.* S. 140.

Auswertung:

Das angespannte Verhältnis zwischen bürgerlichem und adeligem Konzept beeinflusst die Beziehung zwischen Emilia und Appiani. Genauer gesagt ist es die höfische Seite, die aufgrund ihrer Intrigen dafür verantwortlich ist, dass die Hochzeit zwischen Emilia und Appiani verhindert wird. Mithilfe der unlauteren Mittel des Hofes wird in das Konzept der vernünftigen Liebe des Bürgertums, das zwischen Appiani und Emilia herrscht, gewaltsam eingegriffen. Der von adeliger Seite inszenierte Überfall erfolgte auf dem Weg zwischen der Stadt, die der Adel beherrscht und dem Landgut in Sabionetta, wo die Hochzeit stattfinden soll und das gleichzeitig der Rückzugsort des Bürgertums ist. Zwischen Stadt und Land, als sich das Bürgertum noch nicht in seine Welt des Privaten im Zuge seiner familiären Hochzeitsfeier zurückziehen konnte, hat der Adel seine Chance genutzt und das Bürgertum angegriffen. Bevor die bürgerliche Familie Galotti auf dem Land im Kreise der Familie die Hochzeit von Appiani und Emilia feiern konnte, wurde die Vermählung zwischen Appiani und Emilia durch den von höfischer Seite geplanten und durchgeführten Überfall verhindert. Es kam dementsprechend durch Appianis Tod zur Trennung der vernünftigen Ehepartner. Die Konfrontation Bürgertum vs. Adel bzw. die gewaltsamen Eingriffe des Adels in die bürgerliche Privatsphäre hatten zur Folge, dass es zur Auflösung der Liebeskonstellation Appiani/Emilia für alle Zeit kam.

3.3 Liebeskonstellation und (Liebes-)Konzeption von Prinz von Guastalla und Gräfin Orsina

Die Gräfin Orsina gehört dem adeligen Stand an. Sie war bis vor kurzer Zeit eine der Mätressen des Prinzen und wurde das Opfer der Lust und Laune des Prinzen. Er hat seinen Spaß mit ihr gehabt, sie vielleicht sogar geliebt, aber das ist für den Prinzen ganz offensichtlich Vergangenheit. Er hat deutlich das Interesse an ihr verloren und sie wie ein abgenutztes Spielzeug einfach beiseite geschoben. Bildlich könnte man sagen, dass er die Beziehung, die sie verband, ohne Aussprache „entsorgt" hat, so wie er den Brief von ihr einfach wegwirft, ohne ihn gelesen zu haben:

> „DER PRINZ. Desto schlimmer – besser; wollt ich sagen. [...] Meine teure Gräfin! (Bitter, indem er den Brief in die Hand nimmt.) So gut, als gelesen! (Und ihn wegwirft.) – Nun ja; ich habe sie zu lieben geglaubt! Was glaubt man nicht alles? Kann sein, ich habe sie auch wirklich geliebt. Aber – ich habe!" (EG I/2)

Die frühere Anziehungskraft Orsinas verwandelt sich sogar ins Gegenteil. Der Prinz nimmt sie, bei der Betrachtung eines Gemäldes von ihr, dass er vor längerer Zeit in Auftrag gegeben hat, sogar als abstoßend wahr: „PRINZ. – O! Ich kenne sie, jene stolze höhnische Miene, die auch das Gesicht einer Grazie entstellen würde!" (EG I/4) Orsina ist verbittert und verärgert über das abweisende und distanzierte Verhalten des Prinzen ihr gegenüber. Denn dieser reagiert nicht auf ihren Brief, sondern schickt seinen Kammerherrn Marinelli vor, um sich nicht mit ihr aussprechen zu müssen. Des Weiteren ist Orsina durchaus eine Frau mit Verstand, die die Intrigen des Prinzen sowie dessen Taktik durchschaut, die darauf abzielt, sich wieder eine neue Mätresse, nämlich Emilia, zu nehmen. Das in der Oberschicht gängige Mätressenwesen, bei dem der Verstand zweitrangig, oftmals vielleicht sogar unbedeutend ist, scheint Orsina leid zu sein:

„ORSINA. Ein Frauenzimmer, das denket, ist ebenso ekel als ein Mann, der sich schminket. Lachen soll es, nichts als lachen, um immerdar den gestrengten Herrn der Schöpfung bei guter Laune zu erhalten." (EG IV/3)

Des Weiteren spricht sie mit dem ausschweifenden Lebensstil des Prinzen, der durch eine Vielzahl wechselnder Mätressen gekennzeichnet ist, das Problem der Bindungsunfähigkeit des Prinzen an. Dieser ist nicht fähig, eine dauerhafte Beziehung zu führen, da er gebildeten Frauen wie ihr nicht gewachsen ist. Deshalb verspürt der Prinz den Drang, sich eine Geliebte nach der anderen zu nehmen: „ORSINA. Bald wird auch sie verlassen sein. – Und dann wieder eine! – Und wieder eine!"

Da sie kein absehbares Ende bezüglich der Eroberungslust des Prinzen erkennt, sinnt sie auf Rache, da sie auch eine Mätresse des Prinzen war, die von ihm verlassen, betrogen und gedemütigt wurde: „ORSINA. Ich bin Orsina; die betrogene, verlassene Orsina." (EG IV/7) Als Mordwerkzeug für ihr Rachevorhaben benutzt Orsina Emilias Vater Odoardo. Sie hetzt ihn gegen den Prinzen auf und stachelt ihn dazu an, den Prinzen mit einem Dolch zu ermorden: [30]

„ORSINA. Ich hab einen mitgebracht. (Einen Dolch hervorziehend.) Da nehmen Sie! Nehmen Sie geschwind, eh uns jemand sieht. [...] Nehmen Sie ihn! (Ihm den Dolch aufdringend.) Nehmen Sie!" (EG IV/7)

Auswertung:

Durch das verantwortungslose Handeln des Prinzen als Vertreter des Adels kommt es zur Auflösung der Liebeskonstellation zwischen diesem und Orsina. Das bürgerliche Konzept hat seinerseits nicht aktiv dazu beigetragen, dass Orsina und der Prinz getrennte Wege gehen. Die bürgerliche Emilia ist zwar das neue Eroberungsziel des Prinzen, die Initiative geht allerdings von ihm, nicht von Emilia aus – im Gegenteil - das Bürgertum strebt an, sich gegen solche Verführer zu schützen. Der Konflikt vollzieht sich somit innerhalb der höfischen Welt: Der adelige Prinz ist gegen die ebenfalls dem Adel zugehörige Orsina vorgegangen, indem er diese abgelehnt hat. Die Folge ist, dass das höfische Konzept mit Hilfe des Bürgertums gegen sich selbst vorgeht: Die adelige Orsina verbündet sich mit dem bürgerlichen Odoardo und hat

---

[30] Vgl. Pelster, Theodor (2002): *Lektüreschlüssel für Schüler.* S. 24/25.

die Absicht, diesen als Mordwerkzeug gegen den adeligen Prinzen zu benutzen. Odoardo (bürgerliches Konzept) hat die Intrige der Orsina (höfisches Konzept) zwar nicht durchschaut, aber dennoch hat er die Ermordung des Prinzen nicht in die Tat umgesetzt. Das bürgerliche Konzept ist demzufolge nicht dafür verantwortlich, dass die Liebeskonstellation zwischen Orsina und dem Prinzen (höfisches Konzept) aufgelöst wird. Die Ursache der Auflösung dieser Verbindung besteht im höfischen sündigen Denken, also innerhalb der höfischen Konzeption selbst: Die Mätresse Orsina hat sich durch die galante Sprache in der Oberschicht vom Prinzen einwickeln und täuschen lassen. Nachdem sie dem Prinzen zu langweilig geworden ist, hat er sie abgeschoben (Auflösung der Liebeskonstellation).

3.4 Liebeskonstellation und (Liebes-)Konzeption von Prinz von Guastalla und Prinzessin von Massa

Die Prinzessin von Massa tritt im Werk nicht auf, es ist lediglich einmal von ihr die Rede. Der Prinz befindet sich in einem inneren Konflikt. Eigentlich liebt er Emilia, aber trotzdem wird er voraussichtlich die Prinzessin von Massa aus Staatinteressen sowie politischen Erwägungen heiraten. Diese Tatsache scheint er zu bedauern: „DER PRINZ. Mein Herz wird das Opfer eines elenden Staatsinteresse." (EG I/6)

Auswertung:

Die Anwendung der von mir aufgestellten These auf die Liebeskonstellation Prinz von Guastalla/Prinzessin Massa gestaltet sich problematisch, da das Werk eine geringe Informationsbandbreite liefert, ob es letztendlich zu der bevorstehenden Vermählung mit der Prinzessin von Massa kommt oder ob die Konstitution dieser Konstellation verhindert wird. Man könnte diesbezüglich lediglich auf der Ebene der Interpretation spekulieren. Demnach wäre es denkbar, dass der Prinz die Prinzessin von Massa nicht heiratet (Verhinderung der Liebeskonstellation), da er das höfische Wertesystem, das sich durch Frivolität und Intrigen auszeichnet, leid ist (Seine Intrigen lösen schließlich u.a. die Tragödie aus). Diese Vermutung zeigt sich darin, dass der Prinz Marinelli, die Verkörperung der Intrigen im Werk, vom Hof verbannt hat. Zusätzlich erkennt und bedauert er, dass Marinelli kein Freud war, sondern dass er sein Vertrauen missbraucht hat:

„PRINZ. – Geh, dich auf ewig zu verbergen! [...] Ist es, zum Unglücke so mancher, nicht genug, dass Fürsten Menschen sind: müssen sich auch noch Teufel in ihren Freunden verstellen?" (EG V/8)

14

Dies ist allerdings, wie gesagt, nur der Versuch eines Interpretationsansatzes zur Diskussion meiner These. Da es sich dabei allerdings um Spekulationen handelt, werde ich sie an dieser Stelle nicht weiter vertiefen.

3.5 Liebeskonstellation und (Liebes-)Konzeption von Odoardo und Claudia Galotti

Es scheint eine deutliche Distanz zwischen den Ehegatten zu herrschen. Zum einen zeigt sich dies in den äußeren Umständen, der räumlichen Distanz – Odoardo lebt auf dem Land, Claudia hingegen ist mit Emilia in die Stadt gezogen. Zum anderen scheint keine innere Nähe und Vertrautheit zwischen den Eltern Galotti zu herrschen, da er sie zwar duzt, sie ihn allerdings siezt: „CLAUDIA. Zürnen Sie nicht, mein Bester;" [...] ODOARDO: „Wie du meinest, Claudia." (EG II/2) Dieses Zitat zeigt gleichzeitig, dass die vernünftige Ehe der Galottis durch ein ausgeprägtes hierarchisches Bewusstsein geprägt ist. Odoardo geht es als autoritären Patriarchen darum, die gesamte Familie, vor allem seine Tochter Emilia, zu kontrollieren. Claudia fürchtet sich übermäßig vor Odoardos Wutausbrüchen:

„CLAUDIA. – Ha, du kennst deinen Vater nicht! In seinem Zorne hätt er den unschuldigen Gegenstand des Verbrechens mit dem Verbrecher verwechselt. [...] „CLAUDIA. – Gott! Gott! Wenn dein Vater das wüsste! – Wie wild er schon war, als er nur hörte, dass der Prinz dich jüngst nicht ohne Missfallen gesehen!" (EG II/6)

Darüber hinaus entzieht sich Odoardo Claudias dezenten körperlichen Annäherungsversuchen nahezu panisch: [31] „ODOARDO. Und ich würde, (indem sie ihn bei der Hand ergreift) wenn ich länger bliebe. – Drum lass mich! lass mich!" (EG II/4)

Auswertung:

Ähnlich wie bei der Liebeskonstellation Prinz/Prinzessin Massa bietet das Werk unzureichende Informationen, die zur Beantwortung meiner These hilfreich sein könnten, wenn es um die Beziehung zwischen Odoardo und Claudia geht. Ob die Ehe zwischen den beiden Ehegatten nach all den Geschehnissen weiterhin beständig ist oder ob sich diese auflöst, wird im Werk nicht geklärt. Wenn man allerdings über das Werk hinaus weiterdenkt, wobei man sich dabei wieder auf rein spekulativer Ebene befindet, so würde für die Auflösung dieser vernünftigen Ehe sprechen, dass Claudia möglicherweise Odoardos Tötungsakt ihrer gemeinsamen Tochter nicht verkraften kann. Die Wichtigkeit Emilias als Bindeglied zwischen den beiden Elternteilen wird im Werk bereits durch die Verlustängste Claudias, die sie bereits hatte, als es lediglich um die Hochzeit Emilias ging, angedeutet:

„CLAUDIA. Das Herz bricht mir, wenn ich hieran gedenke. – So sollen wir sie verlieren, diese einzige, geliebte Tochter?" (EG II/4)

---

[31] Vgl. Hempel, Brita (2006): *Sara, Emilia, Luise: drei tugendhafte Töchter.* S. 72-75.

Das würde bezüglich meiner These bedeuten, dass es durch Übergriffe innerhalb des bürgerlichen Konzepts selbst, dadurch, dass Odoardo als Vertreter des Bürgertums seine bürgerliche Tochter Emilia getötet hat, zur Auflösung der Liebeskonstellation Odoardo/Claudia gekommen ist. Man könnte zwar annehmen, dass es die Konfrontation mit dem höfischen Konzept (Intrigen) war, die Emilias Tod hervorgerufen hat, allerdings spricht dagegen, dass Odoardo schließlich niemanden gezwungen hat, seine Tochter zu ermorden. Es war seine bewusste Entscheidung. Demzufolge hat das bürgerliche System sich an dieser Stelle selbst zugrunde gerichtet.

4. Fazit

Auswertung der zentralen These:

Insgesamt kann gesagt werden, dass am Ende des Werks sowohl das Konzept des Bürgertums wie auch das adelige Konzept verliert.

Der Prinz hat als Vertreter des Hofes durch seine Intrigen seine große Liebe Emilia Galotti verloren. Durch seine von Marinelli ausgeführten tückischen Angriffe auf das Bürgertum mittels seiner Intrigen, hat er keinesfalls erreicht, Emilia näher zu kommen oder sie gar für sich zu gewinnen. Sie hat sich vielmehr gesträubt, von ihm abgewandt und hatte die Absicht aus dem außerfamiliären Gefahrenraum des Lustschlosses, in den behüteten Schutzraum ihrer Familie zu fliehen: „EMILA. Denn wenn der Graf tot ist; wenn er darum tot ist – darum! Was verweilen wir noch hier? Lassen Sie uns fliehen, mein Vater!" (EG V/7) Letztendlich war es allerdings das bürgerliche System, das dafür gesorgt hat, dass der Prinz als Verlierer dasteht. Diese Tatsache erkennt man an Odoardos Schadenfreude, die er zum Ausdruck bringt, als er Emilia ermordet hat. Der Grund für diese boshafte Freude besteht darin, dass der Prinz ab diesem Zeitpunkt gewiss nie wieder die Möglichkeit haben wird, in den bürgerlichen privaten Bereich seiner Familie einzudringen, um seine Tochter zu verführen: „ODOARDO. – Nun da, Prinz! Gefällt sie Ihnen noch? Reizt sie noch Ihre Lüste?" (EG V/8) Des Weiteren hat der Prinz seinen Kammerherrn Marinelli verloren, wobei sich dieser Verlust vielmehr als Gewinn herausstellt, da Marinelli kein wahrer Vertrauter des Prinzen war, sondern seine Macht schamlos ausgenutzt und jegliche Grenzen überschritten hat.

Die bürgerliche Emilia hat, gemessen an den moralischen Wertemaßstäben des Bürgertums, gewonnen, da sie ihre Unschuld nicht verloren hat. Zur aufklärerischen Zeit Lessings galt es sicherlich als lobenswert, wenn ein Mädchen die bürgerlichen Tugenden mit Leib und Seele gelebt und demnach sogar ihr Leben zur Bewahrung des Ideals der Keuschheit geopfert hat.

16

Aus heutiger Sicht kann man die tugendhafte Emilia als die größte Verliererin überhaupt bezeichnen. Dafür spricht, dass sie von ihrem patriarchalen Vater stets kontrolliert und regelrecht zur Tugendhaftigkeit gedrillt wurde. Dementsprechend hat sie ihr Leben geopfert, um ihren anerzogenen moralischen Wertemaßstäben gerecht zu werden. Darüber hinaus hatte sie nie die Chance, ein selbstständiges Leben ohne den Einfluss ihres autoritären Vaters zu leben. Denn wenn man Emilias inneren Konflikt unter Einbezug des Identitätsmodells Freuds betrachtet, so stellt sich heraus, dass Emilia zu Lebzeiten keine Lösung für ihr Identitätsproblem findet. Das ES (Lustprinzip) zeichnet sich durch Gefühle, Triebe, innere Bedürfnisse aus: „EMILIA. „Auch meine Sinne, sind Sinne." (EG V/7) Das ÜBER-ICH (Autoritätsprinzip) ist durch Normen und Vernunft, die man u.a. über das Elternhaus (Odoardo) vermittelt bekommt, gekennzeichnet. Das ICH (Emilia Galotti) reagiert nicht auf das Lustprinzip. Die ÜBER-ICH-Normen, die durch den autoritären Vater Odoardo auf Emilia einwirken, erzeugen jedoch bei ihr Schuldbewusstsein und fordern Triebverzicht sowie Selbstopfer. Demzufolge hat Emilia ein Leben in Liebe (Sinnlichkeit) abgelehnt und sich für den Tod (Selbstopfer) zur Bewahrung ihrer Unschuld (Triebverzicht) entschieden. [32]

Des Weiteren kann hinsichtlich des Familienoberhaupts Odoardo gesagt werden, dass dieser auf den ersten Blick gewonnen hat: Die Welt der Tugend (Bürgertum) hat über die der Laster (Hof) gesiegt. Der größte Feind Odoardos, der Prinz, hat es nicht geschafft, seine Tochter zu erobern. Zudem wurde durch Emilias Selbstopfer Odoardos patriarchale Ehre sowie sein Egoismus wiederhergestellt. Wenn man sich die Familiensituation der Familie Galotti allerdings genauer anschaut, so fällt auf, dass nun ein Familienmitglied fehlt, denn seine Tochter Emilia hat sich zugunsten seines Egozentrik aufgeopfert. Odoardo hat seine eigene Tochter zur Wiederherstellung der Familienehre ermordet. Damit hat er den größten Verlust, den man als Vater in seinem Leben haben kann, erlitten.

Schaut man sich nun die Liebeskonstellation Appiani/Emilia innerhalb des „gleichen Konzepts" (beide sind Vertreter bürgerlichen Ideale, obwohl Appiani adelig ist) an, so fällt auf, dass das bürgerliche Konzept durch den Einfluss des höfischen verliert. Das Konzept der vernünftigen Liebe zwischen Appiani und Emilia wird durch den gewaltsamen Eingriff des Adels durch den Überfall und die damit verbundene Ermordung Appianis gestört. In diesem Sinne hat die Partei des Adels gewonnen, da sie erfolgreich in den Schutzraum des Bürgertums eingedrungen ist und eine bürgerliche Verbindung zerstört hat.

Wenn man nun auf der anderen, der höfischen Seite, die adelige Orsina und den adeligen Prinzen betrachtet, so wird deutlich, dass der Adel ohne Einfluss des Bürgertums verliert. Der

---

[32] Vgl. Siegle, Rainer (1981): *Stundenblätter „Emilia Galotti".* S. 18.

Prinz handelt im Sinne des Hofes, er hat Orsina lediglich durch die Sprache der Galanterie als Mätresse gewonnen. Allerdings hat er sie, wie es scheint, erst getäuscht und dann abgeschoben. Er ist den frivolen Werten des Hofes treu geblieben. Orsina hingegen sehnt sich teilweise sogar nach bürgerlichen Idealen – sie verabscheut das Leben einer Mätresse. Trotzdem ist sie moralisch nicht höher stehender als der Prinz, denn sie verfällt wieder in die sündigen Strukturen ihres adeligen Daseins, da sie plant, den Prinzen durch Odoardo umbringen zu lassen. Das Bürgertum hat deshalb verloren, weil es vom Adel für seine Zwecke benutzt wurde, wobei die bürgerliche Seite durch Odoardo die Chance gehabt hätte, zu gewinnen, indem er den Prinzen umgebracht hätte. Dieses Vorgehen hätte allerdings gegen die bürgerlichen Ideale verstoßen. Orsina hat verloren, weil sie den Prinzen weder zu einem Gespräch animieren, noch mittels ihrer Intrige ermorden lassen konnte.

Zusammenfassend kann gesagt werden, dass der Grund dafür, dass beide Konzepte (Bürgertum vs. Adel) im Großen und Ganzen als Verlierer dastehen, darin besteht, dass beide Seiten ein Übermaß an Werten, die sie jeweils vertreten, in die Tat umgesetzt haben. Aus höfischer Perspektive ist auffällig, dass der Prinz es durchaus mit seinem frivolen Lebensstil (Laster) übertrieben hat. Dadurch sind schließlich die hinterhältigen Intrigen entstanden, die am Ende zur Herbeiführung der Katastrophe beigetragen haben. Auf bürgerlicher Seite war Odoardo derjenige, der mit allen Mitteln versucht hat, die Unschuld seiner Tochter (Tugend) zu bewahren. Er hat demnach ein unverhältnismäßig strenges, moralisches, durch völlige Kontrolle seiner Tochter gekennzeichnetes, Leben geführt. Die Folge war, dass er zu diesem Zweck sogar seine Tochter getötet hat (Katastrophe). Demzufolge waren das bürgerliche sowie das höfische Konzept gleichermaßen für die Katastrophe, die beide Parteien am Ende als Verlierer klassifiziert, verantwortlich.

5. Literaturverzeichnis

Primärliteratur:

-LESSING, Gotthold Ephraim (2001): *Emilia Galotti. Ein Trauerspiel in fünf Aufzügen.* Stuttgart: Reclam.

Sekundärliteratur:

-BEUTIN, Wolfgang et al. (2001): *Deutsche Literaturgeschichte.* 6. Auflage. Stuttgart, Weimar: Metzler.

-BIERMANN, Heinrich & Bernd SCHURF (1999): *Texte, Themen und Strukturen. Deutschbuch für die Oberstufe.* Berlin: Cornelsen.

-FISCHER, Walter (1976): *Gotthold Ephraim Lessing: Emilia Galotti. Grundlagen und Gedanken zum Verständnis des Dramas.* 4. Auflage. Frankfurt am Main: Diesterweg.

-GÖBEL, Klaus (1988): *Gotthold Ephraim Lessing Emilia Galotti. Zur Didaktik des klassischen Dramas.* Oldenbourg Interpretationen mit Unterrichtshilfen. München: Oldenbourg.

-HEMPEL, Brita (2006): *Sara, Emilia, Luise: drei tugendhafte Töchter. Das empfindsame Patriarchat im bürgerlichen Trauerspiel bei Lessing und Schiller.* Heidelberg: Winter.

-HIPPE, Robert (1982): *Erläuterungen zu Lessings Emilia Galotti.* Königs Erläuterungen. Band 16. Hollfeld/Obfr.: Bange.

-LUHMANN, Niklas (1982): *Liebe als Passion. Zur Codierung von Intimität.* Frankfurt am Main: Suhrkamp.

-PELSTER, Theodor (2002): *Lektüreschlüssel für Schüler. Gotthold Ephraim Lessing Emilia Galotti.* Stuttgart: Reclam.

-SAßE, Günter (1996): *Die Ordnung der Gefühle. Das Drama der Liebesheirat im 18. Jahrhundert.* Darmstadt: Wissenschaftliche Buchgesellschaft.

-SIEGLE, Rainer (1981): *Stundenblätter „Emilia Galotti".* 24 Seiten Beilage. Stuttgart: Ernst Klett.